RÉVÉLATIONS

SUR

LES INCENDIES.

PARIS, IMPRIMERIE DE DECOURCHANT,
RUE D'ERFURTH, Nº 1, PRÈS DE L'ABBAYE.

RÉVÉLATIONS

SUR LES

INCENDIES,

PAR BERRIER;

ÉCRITES PAR LUI-MÊME A LA CONCIERGERIE

APRÈS SON INTERROGATOIRE

Devant la Chambre des Pairs.

PARIS,

ACHILLE DÉSAUGES, LIBRAIRE,

RUE JACOB, Nº 5.

1830

AVIS DU LIBRAIRE.

———

Lorsque le grave procès des Ministres de Charles X va s'agiter devant la cour des pairs et occupe déjà si vivement l'attention de la France, de l'Europe entière, il était difficile de donner un ouvrage plus empreint d'un caractère d'actualité que celui que nous offrons aujourd'hui au public. Qui ne voudra lire les révélations de Berrier; de cet homme appelé du sein de sa prison, comme témoin, dans la vaste instruction suivie avec tant de soin par les délégués des deux grands corps de l'État?

Sans doute, s'il nous eût été permis de voir l'auteur, de communiquer avec lui tandis qu'il écrivait ces pages sous les verroux de la Conciergerie, et après sa comparution devant les commissaires de la cour des pairs, nous l'aurions engagé à mettre plus d'ordre dans son récit, à le faire plus nombreux, à donner plus de développement, plus d'importance à ses souvenirs. Mais, bien que nous ayons insisté auprès de l'autorité, toute communication avec Berrier nous a été refusée, par des motifs que nous ignorons, et sans toutefois nous en plaindre.

Nous livrons donc ces feuilles telles qu'on nous les a transmises, sans rien

changer même au style, ce qui eût été,
selon nous, lui ôter le caractère de vérité
qui doit donner plus de prix à ce récit.
Pour prouver que nous rapportons bien
ici le texte de l'original, et que cet original est tracé en entier de la main de
l'auteur-prisonnier, nous déposons et
nous offrons de représenter la copie à
toutes les personnes qui voudront en
prendre connaissance.

Enfin on remarquera dans cette brochure un grand nombre de personnages cités par l'auteur, et désignés seulement par la lettre initiale de leur nom.
Il est facile de comprendre quelles raisons de convenance ont, dans ce moment, nécessité une pareille réserve ;
mais l'auteur a promis de nous donner
plus tard une *clef,* que nous communi-

querons à toute personne qui représen-
tera cette brochure.

Ainsi les documens de Berrier seront
complets. Il y aura peut-être là un peu
de scandale ; mais.....

Sɪ j'avais suivi ma volonté en deve-
nant l'instrument d'un parti, rien au
monde n'eût été capable de me faire
trahir le serment qui me liait à lui; mais
je fus contraint : tant d'efforts réunis
ont dû me faire succomber. Ces hommes
m'ont d'abord comblé de bienfaits, per-
sécuté ensuite, gorgé d'or durant les
courts instans que je les servis, et poursuivi avec une férocité sans exemple au
moment où, honteux de ma chute, j'ai
voulu éteindre la torche incendiaire dont
ils avaient armé ma main.

Malgré de si justes motifs de haine, je

I

ne me serais point encore décidé à sou-
lever le voile de ce mystère d'iniquité,
dans la crainte de compromettre une
personne qui m'est bien chère. C'est elle
qui la première m'y a porté, dans l'espoir, m'écrivait-elle, « d'adoucir la ri-
» gueur de mon sort au risque de le
» partager. »

C'est elle qui rendra ce service à la
France : car c'est elle qui est dépositaire
de tous les documens. J'ai la confiance
qu'on tiendra la parole qui m'a été
donnée, et qu'on aura égard à son généreux dévoûment.

On a prétendu que mes révélations
étaient un prétexte adroit pour sortir de
peine : misérable ressource d'un parti qui
se voit démasqué ! Et comment sortirais-
je de peine ? est-ce en m'accusant comme
je le fais ? et n'aggravé-je pas au contraire

ma position, surtout si je ne présenté
aucune preuve à l'appui de mes autres
déclarations ?... ... ...
... Il n'est, malheureusement pour moi,
que trop vrai que j'ai été initié à ces horribles machinations, et je dirai même
qu'à défaut d'autres preuves, on pourrait
en avoir une conviction par la lecture
simple de cet exposé; car on pourrait
s'écrier, avec Rousseau : « L'inventeur
» en serait encore plus étonnant que
» les héros. »

Je ne me suis dissimulé ni les humi-
liations dont on allait m'abreuver, ni la
puissance des hommes que j'attaque : ils
sont riches, je suis pauvre; ils habitent
des palais, une misérable prison est le
lieu où ils m'ont contraint de chercher
un asile; leur influence, grande encore
malgré le coup salutaire qu'une popu-

lation héroïque vient de lui porter, se fait toujours sentir, et moi je suis seul au monde, personne n'osera élever la voix pour prendre ma défense : ils vont m'écraser. Une vie pure ne serait pas à l'abri de leurs coups : que sera-ce de la mienne ? Qu'ils n'espèrent cependant pas me décourager par tout ce qu'ils ont déjà fait et ce qu'ils pourront faire encore. La France entière les connaîtra.

RÉVÉLATIONS

SUR

LES INCENDIES.

Quelques Explications sur mes antécédens.

On m'a dépeint aux yeux de toute la France comme un de ces hommes pour qui le crime est une habitude. J'y répondrai en deux mots. Oui, il est vrai, j'ai commis une faute : j'aimais une femme comme on aime à vingt ans ; elle m'entraîna : je vendis des livres qui ne m'ap-

partenaient pas. Je fus bien coupable.
Voilà tous les crimes de ma vie que je
puisse attribuer à ma propre volonté.

—Mais vous avez subi une seconde condamnation? — Il est vrai. Mais il n'est
pas vrai que je fusse coupable. Pour s'en
convaincre, qu'on ouvre le procès-verbal d'audience; qu'on vienne entendre
M. l'avocat-général : *il abandonne l'accusation contre moi; il dit que je ne suis point
coupable.* Qu'on écoute M. de Montmerqué
dans son résumé : « Quant à l'accusé Berrié,
» Messieurs les jurés, le ministère public
» *a abandonné l'accusation contre lui : tout
» prouve en sa faveur.* » Et cependant je
fus condamné comme le complice d'un
homme à qui je n'avais fait que du bien!
Sans cette condamnation, je le répète,
non méritée; eh! pourquoi le cacherais-
je au point où j'en suis? jamais je n'eusse

connu ces hommes impies : éprouvé par
le malheur, je fusse devenu le soutien de
ma vieille mère, et aujourd'hui je déchire
son cœur ! Pauvre mère, tu pleures sur
ton fils ; pardonne, pardonne aux larmes
que je fais couler : je t'aimais, je t'aime
encore de toute la force de mon âme ! ce
sont eux qui m'ont égaré ; ce sont eux
qui me forcent à donner de la publicité à
ma vie.

Puisse le sacrifice que je fais de mon
amour-propre être utile à ma patrie !

Bicêtre et Mont-Rouge.

Par suite de cette funeste erreur du jury, je fus conduit à Bicêtre, où je trouvai les jésuites qui venaient y faire le catéchisme aux jeunes condamnés. La compassion présida d'abord à l'intérêt qu'ils me portèrent; ils furent témoins de mes larmes. Si jeune encore, et voir mon avenir détruit : quelle position! Ils se réunirent aux efforts de M. de Montmerqué pour faire commuer ma peine; ils y réussirent : un mois après je fus commué en cinq ans de détention.

Ce fut à cette époque qu'ils m'établirent surveillant des enfans. Cet emploi, et plus encore leur crédit, me donna toutes les facilités possibles. Je n'étais prisonnier que de nom, sortant quand je voulais, allant dîner souvent chez l'aumônier ; je fus même jusqu'à Mont-Rouge. Cette grande liberté me fit beaucoup d'ennemis.

Parmi cette foule de jésuites qui venaient régulièrement, deux surtout, qui jouent un grand rôle dans cette affaire, parurent s'attacher plus particulièrement à moi : c'étaient M. B.... et M. B...., l'un....., et l'autre..... du séminaire de Mont-Rouge. Ils m'entouraient de tous les soins, de tous les égards possibles : restant des journées entières dans mon cabinet, ils étudiaient mon caractère : ils n'eurent pas de peine à le connaître, car, dans ma reconnaissance je leur ouvrais mon âme tout entière. Je dois avouer mes défauts avec la même franchise que je mettrai à avouer mes torts; ils s'aperçurent bientôt que j'étais vain et ambitieux, et voici le parti qu'ils en tiraient.

« Avec votre esprit et notre protection, me disaient-ils, vous pouvez aspirer à tout. Nos pères, à qui nous avons parlé de vos moyens, se proposent de vous faire entrer dans notre congrégation et d'en obtenir la dispense du pape. D'ailleurs vous êtes rentré dans tous vos droits. Ils ont les plus grands desseins sur vous, rendez-vous-en digne et dans votre captivité, et dans le monde, quand vous y rentrerez, par une obéissance entière à notre volonté. Notre règle est d'être soumis, en tout et pour tout, à nos supérieurs. » Qu'on se figure un infortuné qui a fait naufrage; une planche de salut lui est-elle offerte, il

la saisit avec transport. Telle était ma position.

Huit mois s'étaient à peine écoulés depuis ma commutation, que, leur intérêt
croissant avec les vues qu'ils avaient sur
moi, je reçus encoré une nouvelle grâce,
qui diminuait la durée de ma peine d'une
année : c'était à eux que je la devais. Oh!
oui, si l'amour du bien n'était pas inné
dans le cœur de l'homme, les divers sentimens qui m'agitèrent alors eussent suffi
pour me les faire chérir. « Que puis-je
faire, disais-je un jour à ces deux Messieurs
dans mon cabinet, pour vous témoigner
ma vive reconnaissance ?

—Le moment n'est pas éloigné où vous
le pourrez, me répondit M. B...; mais en
attendant, nous allons vous donner une
preuve de notre confiance. Tenez, me dit-
il en me remettant un papier écrit, voici

une circulaire dont vous ferez plusieurs copies. »

. Et pour m'en faire sentir l'opportunité, il ajouta : « L'impiété se répand d'une manière si effrayante que, sentinelles avancées de la religion, nous devons employer tous les moyens capables d'en arrêter les progrès ; nous avons de grands ennemis, parce que nous avons le courage de lutter avec eux. » La conversation fut toute politique ; l'abaissement de la religion et l'humiliation de ses ministres, furent traités avec feu par M. B...., qui en vint même jusqu'à se plaindre du roi. Il me faisait tant de bien, le roi, que je fus fâché qu'on en dît du mal : je ne pus m'empêcher de le lui témoigner. « Vous êtes trop jeune pour approfondir tout cela, me répondit-il.

» Les rois sont institués par Dieu pour

faire fleurir la religion en protégeant ses
ministres : s'ils négligent ce premier devoir, ils sont indignes du trône. On ne fait
pas assez pour nous, on fait tout pour les
libéraux ; on a peur d'eux. Ah ! s'ils nous
laissaient faire ! mais le temps viendra où
nous agirons, et où vous comprendrez qu'il
n'est pas de bonheur pour un Etat où les
prêtres sont si peu considérés. »

Il m'était réservé, par une fatalité sans
exemple, de voir le temps où ils agiraient ;
d'y coopérer même. Mais jamais ils ne
me convainquirent de la vérité de cet ar-
gument, que les rois sont institués pour
soutenir les prêtres, au préjudice des peu-
ples.

Voici à peu près le sens de la circulaire
dont j'ai parlé ; elle était adressée aux
chefs des séminaires.

« Monsieur le Supérieur,

» Vous qui êtes appelé à former le
cœur et l'esprit des jeunes ecclésiastiques,
n'excluez pas de votre maison les enfans
qui ne se destinent pas à cet état. Les pre-
miers sont pauvres, les autres au contraire
appartiennent aux classes aisées de la société, qui exercent une grande influence
dans le monde. Inculquez dans l'esprit de
ces derniers la haine des actes de la révolution, et de ces hommes publics qui la
préconisent. Tout dépend des premières
impressions. »

On les invite encore à ne rien négliger pour gagner la confiance des parens,
à entrer dans leurs secrets. « Flattez leur
amour-propre, promettez des places, et
mettez-y pour condition une entière obéis-

sance au parti qui les élèvera. Nous tien-
drons tous vos engagemens. »

Je n'aurais point parlé de cette circulaire, si le modèle qui m'en fut donné ne
se trouvait encore dans mes papiers, bien
plus étendu, comme on pourra s'en convaincre.

Ce fut vers cette époque que je connus
M. R.... Le même intérêt et les mêmes
principes continuèrent à m'être prodigués.
Leur confiance en moi devenait illimitée;
qu'on en juge par le fait suivant.

On commençait à parler de la chute
prochaine du ministère déplorable, M. B.
me l'annonça en me disant qu'il était bien
fâché de n'avoir pas obtenu ma grâce entière, « car, ajouta-t-il, *vous nous seriez d'un
grand secours.* Mais nous ne tarderons pas
à reprendre notre influence ; c'est un ministère dans le système Decaze; il mécon-

tentera tous les partis, et nous en profite-
rons pour nous emparer du pouvoir, que
nous n'abandonnerons plus. En attendant, il faut céder à l'orage; mais comme
nous craignons un éclat à Mont-Rouge,
nous voudrions mettre en sûreté des papiers et d'autres objets : on vous les ap-
portera; ayez-en le plus grand soin. Je
trouvai cependant assez extraordinaire
qu'on me confiât une chose de cette importance : « C'est peut-être le lieu, dis-je,
qui leur a donné cette idée, car pourra-
t-on jamais penser que c'est à un détenu
et à une prison qu'ils sont confiés ? »
Je ne les reçus que quelque temps après,
sous prétexte que c'étaient des effets pour
les enfans; ce que ces Messieurs faisaient
de temps à autre. La malle contenait plu-,
sieurs paquets de papiers cachetés, et,
qu'on juge de ma surprise; environ cent

cinquante à cent soixante poignards. Cette vue me fit mal. J'ouvris une lettre que j'y trouvai ; elle était signée de l'initiale B (1), et m'annonçait ce bel envoi. Je mis ces différens objets en lieu sûr, en me livrant à une foule de réflexions qui n'étaient guère à l'avantage de ces Messieurs.

---

(1) Cette lettre est dans mes papiers.

2

Suite du précédent.

Le Moniteur vient, peu de temps après, rassurer un peu les amis de la liberté : le ministère Martignac est nommé. La préfecture de police est confiée à des mains sages et habiles : M. Bonneau, inspecteur des prisons, donne sa démission; Mont-Rouge est désert; tous mes protecteurs disparaissent, et je demeure seul exposé à tous les coups. J'avais des jaloux; une plainte est portée contre moi au nouveau préfet, qui ordonne une enquête : et n'eus pas de peine à convaincre M. le

maire de Gentilly, qui en fut chargé, de la
fausseté de la dénonciation, qui portait
seulement sur des prétendus mauvais trai-
temens, et non sur des liaisons coupables
avec les enfans, comme l'a dit un journal.
D'ailleurs, on peut s'en convaincre (1).

Pendant que toutes ces intrigues avaient
lieu, je voulus pourvoir à la sûreté de la
malle dont je viens de parler. Je n'entrerai
pas dans le détail de la manière dont je la fis
sortir; je dirai seulement que je reçus une
lettre de madame R.... qui m'ordonnait de
la remettre au porteur, qui était un novice
que j'y avais envoyé, selon qu'il m'avait
été dit par M. B. J'appris qu'il allait la
faire porter à l'Archevêché : depuis cette
époque, je n'en ai plus entendu parler.

---

(1) Le procès-verbal de M. le maire de Gentilly
doit être à la Préfecture.

Il fallait que je quittasse Bicêtre, on l'avait résolu; et pour y parvenir, on ameute les enfans contre moi; ils se révoltent. On prit ce motif pour me transférer à Sainte-Pélagie, et de là à Clairvaux, où je m'aperçus bientôt que de puissantes recommandations m'avaient précédé; car en arrivant j'obtins la meilleure place.

A peine le ministère Polignac fut-il nommé, que je reçus une lettre de M. B.

« L'aurore d'un beau jour luit pour nous, » me disait-il; vous allez être libre. Vous » viendrez à Paris, où vous nous prouverez » si vous êtes reconnaissant de tout ce que » nous avons fait pour vous. Ne vous in- » quiétez pas de votre avenir; il est assuré » si vous nous êtes toujours dévoué (1). »

Peu de temps après, ma grâce arrive.

---

(1) Cette lettre est dans mes papiers.

J'obtiens du directeur des papiers pour me
rendre à Paris, ce qu'il ne pouvait m'accorder sans en avoir reçu l'ordre. Je suis
libre, et cette liberté, après laquelle j'a-
vais tant soupiré, me trouve froid et in-
sensible. Mon esprit était tout préoccupé
d'une foule d'idées : la dernière phrase de la
lettre que j'avais reçue : *Votre sort est assuré
si vous nous obéissez;* les principes d'obéissance passive dont on m'avait sans cesse
entretenu; ces paroles: «*Les rois* sont institués par Dieu pour faire fleurir la religion
en protégeant ses ministres; s'ils s'écartent
de ce premier devoir, ils sont indignes du
trône; » les poignards que j'avais vus
et touchés; les trois grâces consécutives
qui m'avaient été accordées; enfin, ces
mots, qu'on m'avait répétés sans cesse :
Nous avons de grands desseins sur vous;
tous ces souvenirs me plongeaient dans

un abattement tel, qu'à me voir on eût dit
que je regrettais la prison. On l'eût bien
mieux pensé, si j'eusse laissé couler les
larmes qui voulaient s'échapper de mes
yeux.

Était-ce un pressentiment de ce qui
m'attendait!...

Mont-Rouge. But des Incendies.

Enfin, me voilà à Paris. Il était dix heures du matin : craignant et désirant connaître ce que je devais attendre des personnes qui m'avaient fait tant de bien, je dirige mes pas vers Mont-Rouge. Oh ! comme j'étais ému en approchant de ces murs où mon sort allait se décider ! Je tremblais, et cependant j'allais voir des bienfaiteurs ! « C'est la reconnaissance qui te trouble ainsi, me disais-je ; ils te protégeront encore ; ce sont des prêtres, incapables de te prescrire des actions coupables. »

Plein de ces pensées, je suis introduit auprès de M. B., qui fit avertir M. B. Ce dernier entra quelques instans après, avec
un personnage que je n'avais pas encore
vu. Pendant tout le temps que dura notre
premier entretien, roulant sur différens
faits de ma captivité, le personnage inconnu me fixait attentivement.

Il est d'une taille élevée; la figure mai-
gre et basanée; une de ces têtes qui an-
noncent l'exaltation; une voix forte et
mesurée; des yeux vifs et perçans qui semblent vouloir lire jusqu'au fond de votre
cœur.

Rompant enfin le silence, qu'il avait
gardé jusqu'alors : « Fort bien, mon enfant, me dit-il ; je vois que vous sentez la
reconnaissance que vous venez d'exprimer ; on ne m'a pas trompé sur votre
compte ; vous n'êtes pas ingrat, et vous

sentez tout le prix de la liberté. Nous
avons éprouvé votre discrétion, nous sommes contens de vous; mais il faut ne pas
être un membre inutile à la société où
vous a rappelé notre protection. Vous avez
promis à ces Messieurs d'obéir à notre volonté : êtes-vous toujours dans cette intention? et nous promettez-vous de garder le
silence sur ce que nous allons vous dire?
— Oui, Monsieur. — Jurez-le. — Je jure
de garder le secret, mais je ne puis jurer
d'obéir avant de connaître ce qu'on exige
de moi.

—Ne nous forcez jamais à vous rappe-
ler une chose : c'est que nous sommes puis-
sans, et que vous nous devez tout. C'est assez vous dire que nous comptons sur vous.

» Depuis long-temps une vaste conspi-
ration se trame contre le trône et la religion; on vient de lui porter un coup mor-

tel par le nouveau ministère. Tous les hommes amis de l'ordre doivent se réunir autour de lui, pour seconder les efforts qu'il va faire afin d'anéantir à jamais le parti qui la dirige. Il est puissant, les crimes ne lui coûtent rien ; l'infortuné duc de Berry est tombé sous leur fer assassin ; ils ont attenté aux jours du duc de Bordeaux avant de nier sa naissance. En voilà assez, je crois, pour justifier les mesures violentes, à la vérité, mais nécessaires avec de tels hommes. L'Ecriture sainte nous montre, d'ailleurs, de pareils exemples de sévérité ordonnés par Dieu même, et Moïse n'est pas coupable pour avoir exterminé le peuple hébreu adorant de faux dieux tandis qu'il était sur la montagne. Les hommes que nous voulons attaquer sont mille fois plus impies : nous voulons arrêter les mêmes désordres, avec cette différence que nous n'en voulons pas à leur vie.

» Notre projet est de détourner leur attention des mesures fortes et énergiques que prendra le gouvernement, et cela, en faisant incendier quelques propriétés. Craignant pour leur fortune, ils perdront de vue cet intérêt général qu'eux seuls semblent protéger et défendre, et la terreur qu'inspireront ces incendies justifiera les moyens extraordinaires que pourra demander le ministère, afin d'en arrêter le cours. Ils n'oseront s'y opposer, dans la crainte qu'on ne les accuse de ne pas vouloir en empêcher la continuation. Ces moyens obtenus, il les étendra à d'autres plus importans qui assureront à jamais l'ordre et l'anéantissement de ces doctrines révolutionnaires. Voilà le but; quant aux moyens d'exécution, et c'est vous qui en serez chargé, on vous le fera connaître,

quand vous aurez réfléchi à ce que je viens
de vous proposer. » ·

MM. B. et B. s'efforcèrent de me convaincre : argumens, sophismes, citations
de l'Écriture, tout fut mis en usage pour
justifier les propositions qui venaient de
m'être faites.

L'horreur que m'inspiraient et ces hommes et la mission dont ils voulaient me
charger, m'eût bien fait répondre sur-le-
champ, mais je voulus me préparer les
moyens d'échapper à leur vengeance ; et
ce ne fut que deux jours après que je leur
fis connaître mon refus, en employant
toutes les précautions possibles pour ne
pas les irriter contre moi. Ce fut inuti-
lement : j'étais un homme qu'ils avaient
comblé de bienfaits, et qu'ils avaient élevé
pour le crime, et je ne voulais pas le
commettre ! « Nous avons sauvé un in-

grat, me dit ce même personnage ; nous avons tout fait pour lui ; c'est, ainsi qu'il est reconnaissant ! — Mais, leur disais-je, vous en trouverez d'autres qui auront plus de courage que moi. — *Nous voulons de vous, parce que votre existence précaire dans le monde ôtera tout crédit à vos paroles.* » Oh ! que ce langage était humiliant ! et cependant il ne prophétisait que trop bien, car où en serais-je aujourd'hui si, malgré tous ces faits, je n'avais d'autre témoin que moi ?

Peu de jours après je retrouve ce monstre, comme j'allais aux Missions-Étrangères. « Avez-vous bien réfléchi ? — Oui, Monsieur. — Vous consentez ? — A me rendre auprès de ma famille, pour consoler ma mère et la soulager. — Allez, me dit-il avec un sourire infernal ; on aura soin de vous. »

Ma position ne me permettait pas de rester à Paris ; on m'avait fixé un délai pour y rester, il était expiré. Craignant et la persécution des jésuites et la recherche de la police, je quittai Paris le 25 décembre de l'année dernière, espérant que la neige et les glaces que je traversais me mettraient à l'abri de leurs coups. Vain espoir ! ils me poursuivirent jusque dans les bras de ma mère ! .

Et c'étaient des prêtres qui m'avaient parlé ainsi ! qui voulaient.... Mais non, c'étaient des jésuites !

Persécution. Affidé de Toulouse. Turel, agent incendiaire.

Rentré au sein d'une famille que j'avais quittée depuis dix ans, je me complaisais dans l'idée de devenir le soutien d'une mère aussi bonne que vertueuse. Ce moyen de réparer mes torts envers elle m'est enlevé; et malgré mes instantes sollicitations et celles de ma commune entière, le maire s'oppose à ce que je puisse me livrer à l'éducation.

Ils me privent de ma dernière ressource. Que vas-tu devenir? J'en étais à ce point

de découragement, lorsqu'un étranger se
présente, me dit qu'on me demande à
Toulouse pour une affaire importante, et
de m'y rendre. Il m'adresse à...... Dès le
lendemain je pars; et j'y arrive dans l'a-
près-midi. Je vais à l'adresse indiquée. Sur
mon nom, on m'introduit; et là je suis
tout étonné de voir que ce personnage
connaissait ce qui s'était passé à Mont-
Rouge. Il se trouvait avec lui deux autres
individus. — « Allez ce soir sur la place
Royale; une personne qui vous a déjà
parlé vous dira ce qu'il faut faire, et se
fera reconnaître à vous par ces mots : *Dieu
et cinquante.* »

Je m'y rends, et je trouve le même individu qui était venu me chercher chez
moi. Je ne parlerai pas de tout ce qui y fut
dit; des moyens employés pour m'engager
à obéir aux intentions de ces Messieurs;

des menaces et des promesses qui me furent faites. — « Venez seulement avec moi à Bordeaux ; et si c'est la crainte qui vous retient, vous verrez qu'elle est mal fondée, et qu'il n'est rien de plus facile que de gagner l'or que ces Messieurs nous prodigueront. N'espérez pas vous livrer à l'enseignement ; on ne le permettra jamais. — Je refuse. — Dans deux jours vous serez plus raisonnable ; je ne pars de Toulouse qu'après cette époque. D'ailleurs ce voyage ne vous engage à rien, et l'argent ne nous manquera pas. Adieu, me dit-il, faites de nouvelles instances auprès du maire de chez vous, et vous verrez qu'il ne vous reste d'autre ressource que celle que je vous propose. Venez me trouver si vous vous décidez ; je serai à la même heure au lieu où nous sommes. ».

Rendu chez moi, ma mère était souf-

3

frante, et je me voyais sans espoir d'adoucir jamais sa position. Le maire me refuse
encore. J'ai prononcé le mot fatal : « J'irai
à Bordeaux !... »

Pendant notre voyage, j'appris que j'étais
avec un ex-séminariste : son âge correspon-
dait au mien, trente un ans; sa taille, cinq
pieds trois pouces environ. Il est blond,
d'une figure agréable, se donnant le nom
de Turel, qui ne lui appartient pas plus, à
ce que je crois, que la qualité de Lorrain,
car son accent est champenois; mais si
j'en juge par son astuce, son audace, et le
sang-froid avec lequel il dispose tout pour
le crime, c'est un jésuite dans toute l'ac-
ception du mot. Eh ! quelle est leur patrie ?

Mon incertitude ne lui inspirait pas une
grande confiance, car, arrivant à Bordeaux, il se sépara de moi, sans me don-

ner d'autre adresse que la place de la
Bourse, où nous devions nous réunir aux
heures dites.

La foire venait de s'ouvrir; je le recon-
nus aux différentes boutiques construites
en planches tout autour de la place où
nous devions nous trouver : c'était là que
je l'attendais, admirant le coup d'œil char-
mant qu'offraient tous ces magasins, par la
variété et la richesse de tout ce qu'ils con-
tenaient. « J'ai envie de débuter par un
coup de maître, et de faire un feu de
joie de toutes ces baraques, me dit Turel
en m'abordant; cela vous donnerait du
courage, car je vois que vous en manquez.
— Oui, lui dis-je, pour des actions semblables; mais je n'en manquerai pas
pour aller vous dénoncer si vous aviez
cette scélératesse. — Parlez-vous sérieuse-
ment? me dit-il en me fixant, et croyez

vous que ce soit pour nous promener que
ces Messieurs nous paieront ? — Non, lui
dis-je, mais attendons au moins un peu, et
surtout n'allez pas ruiner tout d'un coup
de pauvres marchands qui n'ont d'autre
fortune peut-être que ce qu'ils ont étalé.
— Je veux bien leur faire grâce, me dit-il
avec emphase, à votre considération; mais
demain il faut mettre la main à l'œuvre. »
C'était reculer d'un jour l'instant d'un sup-
plice, et je tâchais de m'étourdir dans cet
intervalle par les argumens, les citations
qu'on m'avait répétés si long-temps; mais
j'avais beau faire, mon cœur frémissait
toujours et n'était pas du tout convaincu.

« Allons, me dit Turel en venant à moi
déguisé en marin, j'ai trouvé ce qu'il nous
faut; de vrais sacs à diable. Prenez cette
blouse; n'ayez pas peur : vous ne ferez
rien; vous serez seulement témoin de la

manière dont il faut s'y prendre pour gagner des gens. » Je me laisse entraîner, la
mort dans l'âme, ne sachant ni où j'allais
ni ce que je faisais.

Nous entrons dans une modeste au-
berge où se trouvaient réunis une foule
de marins. Deux pauvres diables, qui pa-
raissaient mesurer leur appétit sur leur
bourse, fixent son attention. Nous sûmes
bientôt après que la bouteille de vin et le
morceau de pain qui étaient devant eux
épuisaient leur dernière ressource.

Je ne parlerai pas de tout ce qui fut dit et
fait pour porter ces malheureux à commettre le crime. Ils n'avaient plus rien au
monde qu'un cœur qui ne me parut que
trop enclin au mal ; et on leur offrait cent
francs pour aller déposer deux mèches dans
un lieu où il y aurait du bois ! Tout est prêt :
encore un moment, et des familles entiè-

res vont être ruinées! C'est une maison de
la place Dauphine où se trouve un mont-
de-piété, qui doit être le théâtre d'une des
scènes les plus horribles que j'aie jamais
vues.

Quelle nuit! quelles réflexions! Je réso-
lus de fuir un tel scélérat, et de chercher
les moyens de m'embarquer pour éviter
les persécutions jésuitiques.

L'Incendie éclate. Mon arrestation.
Mon retour chez mes parens.

Renfermé pendant deux jours entiers
dans la chambre de la jeune femme avec
laquelle j'étais, ne sortant que la nuit pour
éviter la rencontre de ce monstre, j'étais
tout abattu. J'avais cependant de l'or, mais
il ne donne pas le bonheur! Mes yeux se
portaient sans cesse vers cette maison,
qui, par une punition divine, se trouvait
à l'angle de la place Dauphine que j'habitais. Les remords d'avoir été le témoin
d'une corruption semblable et des suites.

qui allaient en être le résultat, me déchiraient l'âme. «Tu aurais pu l'empêcher, et
tu ne l'as point fait! Irai-je rechercher ces
mèches? mais en quel lieu se trouvent-
elles? Irai-je avertir le maître de cette
maison du danger qui le menace? c'est
t'exposer à une foule de questions qui ne
peuvent que te compromettre. Il faut donc
laisser périr dans les flammes peut-être
quelque vieillard, quelque jeune femme,
quelque pauvre enfant!» Toutes les furies
de l'enfer étaient dans mon cœur : ce n'é-
tait pas une vie, c'était une mort. Oh! qu'il
en coûte bien plus d'être criminel que
d'être vertueux! Cependant, vers la fin du
troisième jour, je renais : cette maison ne
m'offrait pas un monceau de cendres; une
douce joie s'empare de mon ame: ils sont
sauvés! des larmes de bonheur coulent sur
mes joues, et je m'endors bercé par cette

espérance. Tout-à-coup un bruit sinistre
m'éveille : le tocsin sonne, le tambour bat,
les cris *Au feu! Au feu!* se font entendre
de toutes parts; la personne qui est auprès de moi se lève, court à la croisée,
l'ouvre, et, du lit où j'étais retenu par une
terreur de mort, j'entendais les cris des
infortunés, le craquement horrible des
poutres, et je voyais les flammes s'élevant
avec une rapidité effroyable consumer et
anéantir cette malheureuse maison!.... Je
ne sais ce que je devins, mais le jour parut que je pleurais encore!

Après un pareil tableau, je veux fuir
sans délai des hommes qui veulent me
rendre si coupables. Dans la journée je
prépare tout : encore deux jours et je quitte
la France. Mais le même soir je suis arrêté
dans la même maison qui m'avait offert le

spectacle d'un si horrible incendie (1).Qu'on
juge de mon effroi! un des hommes qui
avaient été déposer les mèches se trouve
dans la prison (2)! Un frisson mortel s'empare de moi : je suis perdu, et cependant
je ne suis point coupable. ¦ .! · · '!

On m'avait arrêté, sous prétexte que
j'avais commis un vol considérable; mais
bientôt il n'est plus question de ce premier motif, on se rejette seulement sur
ce que je n'ai point de papiers. Le fait est
vrai; et en outre j'étais arrêté dans une
maison publique; je n'ai point de domi-
cile connu; je n'offre aucune garantie,

____

(1) On peut se convaincre de la vérité de mon arrestation par le permis de séjour qui est resté entre
les mains de la police de Bordeaux. Ce fut au moment même de ces incendies.

(2) Je n'ai pas su ce qu'était devenu cet individu.

aucune caution. Je suis porteur d'un permis de séjour (celui qui m'avait été délivré à Paris) qui, par le cachet qui s'y
trouve apposé, annonce que je suis en surveillance. J'ai de l'or, qu'on m'a laissé sans
m'avoir interrogé quelle en était la source. (J'eusse été très-embarrassé de la faire
connaître sans désigner l'homme et dans
quel but.) Malgré de si justes motifs de
crainte, cinq jours après je suis libre; et
voici les circonstances qui accompagnè-
rent ma mise en liberté.

-. Conduit une seconde fois devant M. le
maire de Bordeaux : « On va vous donner
un passe-port, me dit-il, pour vous rendre
chez vous. — Mais, lui observe à voix basse
un chef de la police qui peut certifier le
fait, voilà un cachet (en lui montrant celui qui se trouvait au bas du permis de
séjour qui avait été trouvé sur moi) qui

annonce que cet homme a subi une peine,
qu'il est en surveillance.—C'est égal : donnez un passe-port. » Il m'est délivré en effet, et lorsque je retourne un instant après
vers M. le maire pour le rémercier d'une
faveur à laquelle j'étais bien loin de m'attendre, il me dit ces paroles : « On veut
votre bien ; vous ne voulez pas en profiter :
tant pis pour vous. » Que l'on veuille rap-
procher toutes ces circonstances, et ne se-
ra-t-on pas forcé de s'écrier : «Encore un
moyen employé par ces hommes pour ré-
duire cet infortuné à leur obéir. » Et n'au-
ra-t-on pas cette conviction, quand on
entendra Turel, que je retrouve, malgré
toutes mes précautions pour l'éviter, con-
templant une maison dévorée par un incendie qu'il avait allumé, me dire : « Vous
êtes donc libre? On a voulu vous prouver
que vous ne sauriez nous échapper : ren-

dez-vous das votre famille ; j'attends des
ordres de Hris qui vous concernent, je
vous les feri connaître : malheur à vous
si vous n'oléissez pas ! » Mais, s'il restait
encore queques doutes à cet égard, que
l'on veuille bien me suivre un instant à
Montech.

A mon retcur de Paris la première fois
j'avais trouvé le plus tendre intérêt, non-
seulement dans ma famille, mais encore
dans tous les habitans, qui voulaient faire
une pétition afin d'obtenir que, malgré
l'opposition du maire, je me livrasse à
l'enseignement ; mais, grand Dieu, quel
changement ! A mon retour de Bordeaux,
tout le monde me fuit ; les amis de mon
enfance me saluent à peine : ce n'est qu'à
la dérobée qu'ils osent me parler ; mes
propres parens craignent de m'aborder ;
je suis devenu l'objet du mépris général ;

il né me reste plus que le sein de ma
mère! C'est dans ce moment désespéré
que jé reçois de Bordeaux une lettre signée Turel.

« Partez, me dit-il, à l'instant même pour
vous rendre à Poitiers, où l'on vous attend
pour le service de la Congrégation (1).

« Il ne te reste plus d'autre ressource!
m'écriai-je avec désespoir; et je m'abandonne à ma triste destinée!» Mon arrestation de Bordeaux me faisait sentir la nécessité de me munir d'un passe-port : mais
comment l'obtenir du maire, lui qui est
contre toi? tu ne pourras lui en vouloir
s'il te le refuse; car tu es en surveillance, et
il faut une autorisation du ministre pour
quitter le lieu qui te fut assigné. Après

---

(1) Cette lettre a été trouvée sur moi au moment de mon arrestation à Toulouse.

bien des incertitudes me voilà en sa présence : il est froid, dédaigneux ; il répond
à peine à la première demande que je lui
en fais. — «Vous ne pouvez quitter votre
famille ; vous connaissez votre position. —
Oui, Monsieur, mais voulez-vous que je
reste au milieu du mépris qui m'entoure?
je vais à Poitiers où l'on m'offre une place.»
Il me regarde. « Quelle place? » me dit-il ;
et je lui montre la lettre, timbrée de Bordeaux et signée Turel, qui m'ordonnait
de m'y rendre. Il la prend, la lit, et n'est
plus le même homme ; il me comble de
politesses, me témoigne mille égards. « Il
est bien aise, me dit il, de me voir enfin
prendre ce parti ; » et je jure devant Dieu
que ce furent ses propres paroles : et lui,
mon constant ennemi, la cause du bruit
qui s'était répandu que j'avais été en prison à Paris, l'auteur de ce que je ne m'é-

tais pas établi, met un tel empressement
à me servir, qu'il ne veut pas attendre le
retour du percepteur des contributions,
qui a les feuilles des imprimés pour les
passe-ports; à onze heures du soir il m'en
signait un qu'il me faisait délivrer sur
une simple feuille de papier marqué (1).

Pourra-t-on dire que je cède au besoin
de faire le mal ; que le crime est mon habitude? N'ai-je pas lutté contre une puissance terrible? Elle ne m'avait laissé aucune ressource ; sans cesse attachée à mes
pas, je la retrouve partout, même dans
ceux qui. devaient m'en défendre. Que

---

(1) Ce passe-port a été saisi sur moi au moment de cette arrestation : il est tel que je le dis.
On peut s'assurer de la vérité de ce que j'avance
sur les persécutions du maire de chez moi, par
ma commune tout entière.

ceux qui me lisent se dépouillent de leur
fortune; s'ils ont une mère qu'ils aiment
comme je chéris la mienne, qu'ils la con-
templent me demandant l'appui que je
brûle de lui accorder et qu'elle est en
droit d'attendre de moi; qu'ils voient enfin
mon humiliation, et ils s'écrieront : « Il
dut succomber; il fut plus malheureux
que coupable! »

Avant mon départ, je vais à Toulouse
pour y voir le personnage que je savais
initié dans cette infâme conjuration. Il
était mort! mais un de ses anciens secré-
taires me remit une lettre signée d'un
nom bien connu, qui me disait : « Je n'ai
» pu attendre plus long-temps; vous tar-
» dez trop; ne perdez pas un moment,
» partez de suite pour Poitiers. » Je me
suis demandé cent fois, et je me demande
encore, comment est-il possible qu'un

4

homme semblable soit un des initiés? il avait remplacé celui qui n'était plus.

J'étais venu à Toulouse chercher de l'argent pour le voyage; je n'y connaissais plus personne; et pour décider mon beau-frère à me faire des avances, je lui montre le billet de ce personnage qu'il connaît bien. Ce billet est, je crois, resté entre ses mains, s'il ne se trouve dans mes papiers.

Je dois dire que toute ma famille, sans exception, ne connut jamais quelle était ma mission; elle savait seulement que je voyageais pour le gouvernement.

Poitiers.

Il en est, je crois, de l'esprit comme du
corps : si l'un est sujet à des accès qui lui
ôtent l'usage de ses membres, l'autre aussi
est attaqué parfois d'une espèce de délire qui suspend l'usage de ses facultés :
c'est ce que j'ai éprouvé pendant quelque
temps et en deux fois différentes. Je n'étais
plus le même homme; il semblait qu'on
eût fermé mon cœur à tout sentiment de
pitié en me refusant celle qui m'était due.

Le tableau terrible de l'incendie de Bordeaux, qui m'avait poursuivi pendant si

4.

long-temps, s'était effacé de mon esprit,
ou du moins paraissait l'être. Je ne sentais,
je ne voyais rien, et je fus tout étonné de
la rapidité avec laquelle je me trouvai à
Poitiers. Là, mes esprits parurent se ré-
veiller un instant; ce ne fut qu'un éclair:
je retombai bientôt après dans mon in-
sensibilité.

Je ne m'étendrai pas sur toutes les dif-
ficultés que j'eus à trouver les personnes
qui m'envoyaient chercher. Elles ne m'a-
vaient indiqué aucune adresse : aussi ce ne
fut que deux jours après que j'y parvins.
Turel, que je fus étonné de retrouver dans
cette ville, avait appris mon arrivée par
les renseignemens qu'il prit à la dili-
gence; il me cherchait : ce fut lui qui me
présenta. La maison où il me conduisit est
peu éloignée de V..... Ce fut là que je revis
le grand jésuite qui m'avait tant parlé à

Mont-Rouge, et que je désignerai sous le nom de Desvignes, nom qu'il prit depuis dans la correspondance incendiaire qui s'établit entre nous, mais qui, cependant, n'est pas le sien.

Ce personnage me fit l'accueil le plus gracieux, et après avoir causé quelques instants à l'écart avec Turel, qui prit congé de nous comme un homme partant pour un voyage, M. Desvignes me fit passer dans un salon où se trouvaient deux autres personnes. L'une, déjà sur l'âge, me parut être un magistrat; l'autre, moins âgée et plus grosse, était le maître de la maison. « Savez-vous, me dit M. Desvignes, que vous nous donnez beaucoup de mal, et que je suis entré dans de furieuses colères contre vous en voyant votre obstination à ne pas concevoir mieux vos intérêts, et à ne pas sentir qu'il n'y a rien de criminel

dans les moyens que nous voulons employer pour arrêter l'audace du parti ré-
volutionnaire? N'entendez-vous pas jour-
nellement cette tribune des députés re-
tentir des discours impies qui corrompent
la morale et anéantiront peu à peu tous les
sentimens de religion que conserve encore
le peuple ? Vous avez assez d'esprit pour
comprendre tout cela. N'en êtes-vous pas
convaincu ? — Mes moyens ne me permet-
tent pas de m'élever à de si hautes consi-
dérations; elles sont hors de ma portée;
toutefois, je dirai que, pour avoir une
opinion contraire à celle d'un autre, on
n'en est pas moins estimable, et qu'il en est
des discussions politiques comme des discussions religieuses: chacun est convaincu,
soit par sa conscience, soit par son intérêt,
de la vérité du système qu'il défend. Vouloir qu'il en soit autrement, c'est vouloir

faire remontrer une rivière vers sa source.
— Vous avez raison jusqu'à un certain
point, me dit celui que je prenais pour un
magistrat; mais quand les doctrines qu'on
émet tendent à renverser l'ordre établi,
n'est-il pas du devoir de celui qui s'en
aperçoit de l'empêcher, n'importe par quel
moyen ? Le but ne justifie-t-il pas tout? »
J'aurais bien pu répondre, mais je n'étais
pas venu pour discuter. Le meilleur argu-
ment, et dont je n'étais que trop persuadé,
c'est qu'ils avaient la puissance et quil fallait que je supportasse le joug. « Allons,
me dit M. Desvignes, après une longue
conversation sur les mêmes matières,
j'espère que vous devez être tranquillé
sur tous les points quand vous voyez des
hommes tels que nous, et de plus puis-
sans encore, se trouver à la tête d'un pareil mouvement. Vous êtes décidé à agir ?

— Oui, Monsieur; mais qui me garantira
que je ne serai pas abandonné, dans le cas
où je viendrais à être arrêté? — Notre parole. — Oui, sans doute; mais j'aimerais
mieux une garantie qui me suivît, telle
qu'un certificat qui, sans rien préciser de
ma mission, énonçât simplement que je
suis connu et protégé par une personne
d'entre vous qui ait quelque influence en
France. » Cette condition, sans laquelle
j'étais décidé à ne pas agir, fut débattue
long-temps. Enfin M. Desvignes me le
promit. « Mais ce n'est pas nous, me dit-
il, qui pouvons vous donner ce certificat;
ce n'est qu'à Paris qu'on vous le donnera.
— Ce n'est pas de vous que je l'attends
non plus. Vous m'avez parlé qu'il y avait
de hauts personnages à la tête de cette
opération; leur influence doit s'étendre
sur toute la France, et c'est d'eux que je

désire l'obtenir. — Et quand vous l'aurez
vous promettez de suivre nos instructions? — Oui, Monsieur. — Jurez-le! » et
je prononçai le fatal serment.

« Il faut que nous partions pour Paris
ce soir; il y a un grand personnage qui
désire s'assurer par lui-même de la vérité
de tout le bien que nous lui avons dit de
vous. Ce n'est d'ailleurs que là où je vous
donnerai vos instructions. » Je fus prié à
souper; on me combla d'égards, de pré-
venances; la conversation ne roula que
sur les incendies et l'heureux résultat
qu'on en attendait.

Enfin nous partîmes dans une chaise
de poste, M. Desvignes et moi: il n'avait
la tête remplie que de son projet; il en
parlait sans cesse, et finit par faire passer
dans mon âme, non une conviction, mais

une incertitude sur la légitimité de ce
que j'allais entreprendre. ;

Avant d'arriver, il me donna rendez-
vous pour midi à l'hôtel des Missions-
Étrangères, où il devait me dire l'heure
à laquelle je serais présenté à ce grand
personnage qui, disait-il, me portait le
plus grand intérêt.

Ma présentation au prince de Polignac.

Bien résolu à ne rien entreprendre sans
l'attestation que j'avais demandée, je me
trouve, entre huit et neuf heures du soir,
à l'entrée des Champs-Élysées, près la
place Louis XV, rendez-vous que m'avait
assigné M. Desvignes lorsque j'avais été
le voir le matin aux Missions-Etrangères.
Un fiacre s'arrête; j'y monte à côté du
jésuite, et une heure après nous en des-
cendons au pont de Neuilly. Nous mar-
châmes dix à quinze minutes au-delà de
ce pont, toujours sur la grande route; il

frappa à une maison peu apparente : je
crois qu'il y avait une porte cochère, mais
nous entrâmes par un corridor, au bout
duquel se trouvait un escalier qui nous
conduisit au premier dans une chambre
assez bien meublée, éclairée par une bou-
gie qu'y laissa un homme vieux qui
nous avait ouvert la porte, et auquel
M. Desvignes avait dit quelques mots à
voix basse. Ce dernier entra dans un
autre appartement, et je demeurai seul
environ une demi-heure, m'amusant à
considérer une gravure représentant saint
Louis sous le chêne de Vincennes. Je fus
détourné de mon attention par une conversation vive et animée ; pensant qu'il
était question de moi, j'approche l'oreille
de la porte qui nous séparait, et ces mots
viennent jusqu'à moi : *C'est impossible ;*
c'est nous livrer.. — Mais il est adroit ; il

*ne consent qu'à cette condition. Il a de
l'esprit : c'est l'homme qu'il nous faut.*
Bientôt je n'entendis plus rien, et craignant qu'on ne me surprît, je m'éloi-
gnai. Le cœur me battait avec force ;
j'étais un peu troublé et dans l'attente
de voir ce grand personnage et de ce
qui allait se passer. Enfin, M. Desvignes
revient et m'introduit : en entrant, je reconnais de suite le prince de Polignac.

. Deux autres personnes se trouvaient
auprès de lui : l'une, de l'âge de quaran-
te-cinq à cinquante ans, avait une belle
figure, assez d'embonpoint ; l'autre, plus
âgée, me parut d'une taille moins grande
que la première, un peu voûtée et les cheveux longs. Je ne pus entendre le son de
leur voix, car elles ne parlèrent ni l'une
ni l'autre.

On a paru attacher une si grande im-

portance à connaître ce qui fut dit dans
cette entrevue, que, sans promettre d'en
rapporter textuellement les expressions,
je promets bien cependant d'en·rendre
le sens : ce sont de ces faits qui se gra-
vent dans la mémoire par les impressions
qu'ils y produisent ; et quoique ce ne soit
qu'une répétition de tout ce qui m'avait
été dit et que j'ai déjà fait connaître, je
vais encore le reproduire. '   ›

« Je suis bien aise de vous voir, me dit ·
M. de Polignac; on m'a fait un si grand
éloge de votre esprit et surtout de votre
discrétion, que nous voulons bien· vous
associer aux efforts que nous allons faire
pour raffermir le trône et la religion. Nos ·
ennemis emploient tous les moyens pour
arriver à un but coupable : nous voulons,
sans attenter à leur vie, en employer qui
intimident ces destructeurs de l'ordre so-

cial. C'est le moment pour vous d'être reconnaissant et envers le roi et envers vos
bienfaiteurs. Vous avez obtenu trois grâces consécutives dans l'espace de deux
ans : elles vous imposent de grandes obligations : vous en serez digne par vos sentimens. Votre existence dans le monde est
peu assurée : travaillez à vous en créer
une durable. Ainsi, tout vous engage à
tenir le serment que vous avez fait de
nous être dévoué.

— J'aurais désiré, répondis-je, voyant
qu'il avait cessé de parler, avoir pu témoigner ma reconnaissance à mes bienfaiteurs d'une tout autre manière ; n'étant
pas assez heureux, je suis prêt à tenir ma
promesse. Cependant, permettez-moi une
observation. Je sors à peine de prison, et
je ne suis point jaloux d'y rentrer : la car-
rière que je vais parcourir m'y expose à

tout moment ; et, sans craindre les suites
d'une arrestation accidentelle , car je suis
persuadé que vous ne m'abandonneriez
pas, je voudrais, comme on me l'a promis, une attestation qui déclarât que je
suis connu et protégé par l'un de vous.
—Mais, à quoi vous servirait-elle ? —A
prévenir toute détention plus ou moins
longue, car on ne pousserait pas bien loin
les informations en me voyant muni d'une
telle pièce. —Vous. n'y pensez pas ; vous
feriez connaître de suite les personnes qui
vous emploient ?—Non, Monseigneur ; on
peut très-bien donner un certificat à un
homme, sans être responsable des actions
dont il peut se rendre coupable dans la
suite, et ce certificat ne serait que pour
mes antécédens. —Mais si vous alliez dire
que c'est un sauf-conduit ? —Ce que je.
demande ne serait pas conçu dans ce

sens; et, ensuite, c'est supposer que je trahirai mon serment, et ne plus avoir confiance en moi; ce n'est pas ce que vous m'avez dit, ni ce que prouve ma conduite: je le répète, il m'est impossible d'accepter une mission aussi dangereuse sans ce certificat. »

Je vis bien que, même avant d'entrer, ils étaient dans l'intention de m'accorder ce que je demandais, et que ce n'était qu'une épreuve qu'on me faisait subir; car, après avoir parlé quelques instans entre eux, M. de Polignac me dit : « Votre fermeté me prouve une chose, c'est que vous n'entreprendrez rien sans l'avoir bien médité. Vous aurez la pièce que vous demandez; M. Lugane (désignant M. Desvignes) vous remettra ce certificat, ainsi que les instructions nécessaires. C'est avec lui que vous correspondrez. Je serai in-

5

struit de tout ce que vous ferez. Comptez
sur mes bienfaits. Beaucoup de prudence,
et surtout une grande discrétion. « Je
m'inclinai, et, suivi de M. Desvignes, qui ne
m'accompagna que jusqu'à la porte, me
donnant rendez-vous à Mont-Rouge pour
le lendemain à midi, je montai dans le
fiacre et revins seul à Paris.

Remise des Instructions incendiaires.

Je serais porté à croire que notre esprit
finit par s'habituer aux idées les plus ré-
voltantes, comme notre corps s'habitue
aux travaux qu'il ne pouvait d'abord sup-
porter. Le sang-froid avec lequel des
hommes d'une aussi grande considération discutaient, préparaient ces affreux
incendies, avait diminué l'horreur qu'ils
m'inspiraient d'abord; et si quelquefois
ma conscience me parlait, c'était d'une
voix si faible, qu'à peine pouvais-je l'en-
-tendre?

C'est dans ce triste état que j'arrivai à

5.

Mont-Rouge, où M. Desvignes me remit les instructions dont je vais parler : instructions que j'ai étudiées, méditées assez long-temps pour craindre de me tromper dans le détail où je vais entrer.

Je trouvai M. Desvignes seul.

« On est fort content de vous : vous serez satisfait aussi du certificat que voilà, car vous êtes recommandé par un puissant personnage. — Si c'est le prince de Polignac. — Vous le connaissez donc? — Oui. —Où l'avez-vous connu?—Chez madame de...., où je copiais des mémoires qu'elle écrivait sur la révolution française. — Il a dit aussi que votre figure ne lui était pas inconnue. »

Je pris le certificat (l'entête est lithographiée, et porte : *Cabinet particulier du ministre : département des affaires étrangères*).

En voici le contenu, à quelques mots près :

« Nous, ministre secrétaire d'Etat, pair
» de France, déclarons connaître le sieur
» Berrié, Charles ; qu'il a constamment
» mérité notre estime et notre bienveil-
» lance par ses sentimens personnels et
» par son dévoûment à la noble famille
» des Bourbons : nous nous plaisons à lui
» donner cette marque de notre intérêt,
» et désirons que toutes les personnes dont
» il pourrait avoir besoin lui accordent
» leur protection.

» Prince DE POLIGNAC. »

« Dans une affaire de cette importance,
me dit-il, il ne faut rien négliger ; les
moindres détails sont quelquefois les plus
nécessaires. Aussi, comme une seule conversation ne suffirait pas pour bien vous

pénétrer de ce que vous avez à faire, vous
le trouverez dans les instructions écrites
que je vous remettrai et que vous pourrez
consulter à tout moment.

» Voilà cinq lettres : celle qui porte le
n° 1 est pour Orléans ; le n° 2, pour Blois ;
le n° 3, pour Tours; le n° 4, pour Poitiers,
et le n° 5, pour Angoulême. Comme il n'y
a qu'un numéro pour toute adresse, voici
le moyen de les faire parvenir. Vous trouverez, dans les cathédrales de chacune
des villes dont je viens de vous parler, un
tronc qui aura un numéro ; et vous y jet-
terez la lettre dont le numéro sera le
même. (Je n'ai jamais su le contenu de
ces lettres.)

» Vous porterez cette sixième lettre à son
adresse à Angoulême. La personne à qui
vous la remettrez est chargée de vous

donner les rénseignemens dont je vous
entretiendrai tout-à-l'heure.

» Je dois vous faire remarquer qu'avant
de vous présenter aux personnes avec les-
quelles vous devez traiter, il faut que vous
ayez un signe de reconnaissance exté-
rieur, comme ils en auront un semblable.

» Ce signe est un ruban rouge placé à un
des boutons de votre gilet : si la personne,
est un ecclésiastique, il sera placé à l'un
des boutons de la soutane.

» Ce ruban sera placé de manière à ce
que le bouton en soit enveloppé entière-
ment. Votre numéro d'ordre est 50.

» Avant d'aller chez les personnes, vous
consulterez vos instructions, pour connaître et ce qu'elles sont, et jusqu'à quel point
vous devez vous livrer à elles, et quel
est le numéro d'ordre qu'elles portent;
c'est par ce numéro que vous reconnaîtrez

qu'elles sont initiées et qu'elles devront répondre.

» Ces trois boîtes contiennent des mèches à incendies : elles s'enflamment au bout de vingt-quatre heures qu'elles sont en contact avec des matières combustibles, et selon le plus ou le moins d'air qu'il y a dans le lieu où elles sont déposées. Quand elles seront finies, vous vous servirez des moyens ordinaires, car nous ne pourrons plus vous en procurer.

. » La boîte n° 5o est pour vous, et les deux boîtes nos 19 et 20, pour les affidés dont je vais vous parler.

» Voilà deux paquets sous enveloppe, ils contiennent des instructions pareilles aux vôtres. Les nos 19 et 20 vous indiquent qu'ils doivent être remis aux mêmes personnes que les boîtes qui ont ce numéro. Je vous remets aussi 6,ooo francs.

» En passant à Tours, vous trouverez dans
l'église où vous irez pour jeter la lettre
n° 3, un homme qui est prévenu de votre
arrivée ; il aura le signe convenu ; il pas-
sera à côté de vous en disant, de manière
à ce que vous l'entendiez, n° 19. Vous y
répondrez du vôtre 50. Vous vous abou-
cherez à lui : c'est un affidé auquel vous
remettrez le paquet, la boîte n° 19, et
3,000 francs. Vous pouvez vous fier à lui :
c'est l'agent qui est chargé d'organiser
dans la Normandie.

» Questionnez-le sur les moyens qu'il
prétend employer : s'ils sont bons, vous en
profiterez vous-même en les mettant en
usage. Recommandez-lui bien de suivre
les instructions à la lettre. Vous n'aurez
plus à vous occuper de lui ; c'est avec moi
qu'il doit correspondre, je lui en indique
la manière.

» Dans ces instructions, vous trouverez une liste des hommes principaux que nous voulons attaquer. Les incendies doivent être principalement dirigés sur leurs propriétés, de manière cependant à ne pas laisser découvrir le parti qui a agi; mais vous n'entreprendrez rien sur ceux-là avant d'avoir consulté à ce sujet les affidés des villes où vous serez : ils connaissent les localités et vous guideront.

» Les affidés sont :

» A Angoulême, M..., qui porte le n° 33;

Bordeaux, M.... . : . , . le n° 15;

Montauban, M... . . . le n° 3o;

Toulouse, MM... . . . n°s 7 et 9;

Montpellier, M... . . . . n^o

Avignon, M... . . . . . n^o

Marseille, M... . . . . n° 27.

» Ces Messieurs sont chargés en outre

de vous donner des renseignemens sur les familles les plus indigentes ; vous en tire-rez parti selon que vous l'entendrez pour déposer les mèches : c'est à votre adresse à trouver des prétextes et à inventer des moyens.

» Le n° 15, de Bordeaux, est plus spécia-lement chargé de vous procurer les fonds dont vous aurez besoin.

» Il me reste à vous parler de la boîte et du paquet renfermant les instructions, et qui porte le n° 20. Comme vous ne pou-vez être partout, nous avons jugé à propos d'avoir un agent dans le Dauphiné, qui soit sous vos ordres. Il ne correspondra qu'avec vous ; vous irez lui remettre la boîte et le paquet au moment où je vous l'écrirai. Dans ma première lettre je vous donnerai d'autres instructions, s'il est né-cessaire, à ce sujet.

» Pour correspondre avec moi, mon adresse sera :

« A Monsieur Desvignes, négociant, poste restante, à Paris; et vous aurez bien soin surtout de mettre à l'un des angles de la lettre le no 11 : c'est mon numéro.

» Il faut avoir la même précaution pour la vôtre.

» Je sais que vous avez une personne que vous aimez beaucoup; si vous l'emmeniez avec vous à Bordeaux, elle recevrait mes lettres à son adresse, si d'ailleurs vous aviez confiance en elle. Mais jusqu'à ce que vous trouviez un moyen sûr, mes lettres seront adressées à M..., no 15, à Bordeaux, auquel vous vous ferez d'abord reconnaître, et par votre numéro, et par votre ruban. N'oubliez pas d'en agir ainsi avec tous ceux à qui vous aurez affaire. Tout ce qui s'est passé tant ici qu'à

Neuilly doit être ignoré de tous les autres affidés.

» Je vous le répète, tout ce que je viens
de vous dire est contenu dans les instructions écrites, et d'une manière bien plus
détaillée. Ne partez que demain au soir,
afin de bien vous pénétrer de ce que vous
aurez à faire. »

Sa voix ne changea pas un instant
durant ce dernier entretien; il était d'un
calme extraordinaire; on eût dit qu'il me
donnait des leçons de la plus belle morale; et avec cette même tranquillité, il
m'aida à placer dans un porte-manteau
tous les différens objets dont il venait de
me parler. Il m'embrassa, et je revins à
Paris avec cet attirail de mort!

Agent incendiaire de la Normandie.

Rentré chez moi, je pouvais à peine
m'imaginer la réalité de ce que je venais
d'entendre, et de ce que j'étais chargé de
faire. Devenir le chef d'une compagnie
d'incendiaires, ce n'est pas possible ! c'est
un songe ! Mais ce terrible porte-manteau
que je voyais, que je touchais, ne m'en
constatait que trop l'horrible vérité. « Tu
ne peux plus reculer, me disais-je; il faut
que tu suives ton sort; » et pour m'étourdir,
j'avais recours à une foule de sophismes

qui me tinrent encore quelque temps dans
une espèce de léthargie.

La jeune personne chez laquelle j'étais
avait toute ma confiance, et sans lui dire
le motif, je l'engage d'aller m'attendre à
Bordeaux, où j'irai la rejoindre sous peu.
Elle hésite; je la presse; elle m'aimait; et
de quoi n'est pas capable ce sentiment!

Tout ainsi disposé, je pars ; je traverse
Orléans, Blois, où je trouve en effet, dans
les cathédrales, les troncs dont on m'avait
parlé, portant les mêmes numéros, et j'y
dépose mes lettres. Il paraît que tout est
prévu, et qu'il est des affidés que tu igno-
rerais. Curieux de connaître l'individu que
je devais rencontrer à Tours, je me rends
à la cathédrale; je ne l'y trouve pas d'a-
bord; mais enfin, après quatre heures
d'attente, il paraît, il me fixe, jette les
yeux sur le ruban rouge qui était à ma

boutonnière, et qu'il portait aussi à la sienne. Nous prononçons le numéro d'ordre convenu. Plus de doute, c'est l'homme que j'attends : *c'est l'agent incendiaire de la Normandie!....*

Comme je ne connais ce personnage que par son n° 19, voici ce qu'il me dit être, et ce que je vis qu'il était.

Son costume et la coupe de ses cheveux m'auraient annoncé qu'il était prêtre, alors même qu'il ne me l'eût pas dit.

Il peut avoir de 38 à 40 ans ; d'une taille assez grande (5 pieds 4 pouces) ; les traits prononcés ; les yeux petits ; et d'un embonpoint assez remarquable. Je le crois normand, si j'en juge par son accent. Dans notre conversation à l'hôtel où j'étais descendu, il m'apprit, je ne sais s'il disait vrai, qu'il desservait une paroisse des environs de *Vire.*

Suivant les instructions, je lui remis la boîte n° 19 renfermant les mèches, le paquet cacheté contenant les instructions et portant aussi ce numéro, et 5,000 francs. . . . .

Je le questionnai ensuite sur les moyens d'exécution qu'il prétendait employer. Voici à peu près ce qu'il m'apprit. . . . .

« On a déjà commencé chez nous, me dit-il ; j'attendais les ordres que vous m'apportez, afin d'agir plus en grand ; jusqu'à présent j'ai eu recours à des petits moyens qui m'ont cependant bien réussi. . . . . .

» J'ai établi une espèce de congrégation parmi les paysans : il y a des esprits crédules et superstitieux : j'en tire parti en disant à ceux-là qu'ils font une action méritoire aux yeux de Dieu en mettant le feu aux propriétés que je leur désigne ; que les maîtres sont impies et perdent leur

6

âme , et qu'étant pauvres, le malheur les forcera à se convertir, et qu'ils auront le mérite de cette conversion.

» Je ne tiens pas à tous le même langage, car tous ne l'entendraient pas; mais j'ai autour de moi des hommes dévoués qui, excitant les haines, les engagent à se venger en mettant le feu, et s'adressent pour cela à de jeunes enfans.

» Il en est d'autres à qui l'on dit de déposer un paquet qu'on leur donne, et que c'est un *sort*. Ils les forcent aussi au silence par un serment qu'ils ont gardé soigneusement ; et, de mon côté, dans les réunions des congréganistes, je leur répète sans cesse qu'il n'est pas de crime plus grand aux yeux de Dieu que la violation d'un serment, quel qu'il soit.

» Il est d'autres agens que je me propose de former maintenant : ce sera des

jeunes gens de famille qui aiment le plaisir, et avec de l'or j'en tirerai bon parti.

» J'ai eu recours et j'aurai recours
encore aux mendians passagers que je
fais décider par les agens sous mes ordres. J'en ai un surtout qui est excellent ;
il a de l'audace, de l'éducation, enfin
tout ce qu'il faut pour se faire obéir et
craindre.

— Tous ces moyens ne sont pas sans
danger, lui dis-je. — Oui, me répondit-il ;
mais depuis long-temps j'ai fait le sacrifice de ma vie.» Cette dernière phrase me
porta à lui demander pourquoi : « C'est,
me dit-il, que j'ai de grandes obligations
à ces Messieurs. »

Ne voulant répondre à aucune des questions qu'il pourrait me faire à mon sujet,
je ne poussai pas plus loin les miennes sur
son compte. Ma mission était finie avec

6.

lui; je me rendis à Poitiers, où je déposai
la lettre n° 11, et partis pour Angoulême.

—Vous n'éprouviez aucun remords, aucun
chagrin de ce que vous entendiez et de ce
que vous faisiez?

  J'étais bien malheureux!....

Angoulême. Bordeaux.

Lorsque j'arrivai à Angoulême, je fus
d'abord à la cathédrale remettre la dernière lettre numérotée qui me restait, et
me rendis ensuite chez le personnage pour
lui donner celle qui était à son adresse.
Une fort jolie nièce me tint compagnie, et
même assez long-temps, en attendant qu'il
fût visible. Je suis bien convaincu qu'elle
me reconnaîtra et qu'elle sera bien surprise d'apprendre aujourd'hui qui j'étais,
vu les égards que son oncle me prodigua
alors; et à quoi les devais-je !

Je suis introduit; il prend ma lettre, sort un ruban rouge, se fait reconnaître par son n° 33, et nous entrons en matière...

Je n'ai jamais vu un si ardent partisan des incendies; il en parlait avec une ardeur, une vivacité qui ne pouvaient être égalées que par l'élément dont il me portait à secouer la torche; et si j'eusse voulu l'écouter, le soir même Angoulême eût offert le spectacle qu'il attendait avec tant d'impatience, comme, disait-il, une marque de force et de vigueur de la part du ministère. « Le croiriez-vous? medisait-il, ce sont eux (les libéraux) qui font la loi! on ne dirait pas que nous sommes sous un gouvernement royal! c'est la révolution toute pure qui règne, surtout ici; mais il y a un terme à tout : nous en avons trop souffert, c'est ce qui leur donne tant d'audace. »

Sur mon observation qu'il fallait que je me rendisse de suite et que je ne pouvais rien entreprendre encore, il me dit de hâter mon retour, qu'il tiendrait tout prêt. Il me fit mille instances pour me retenir à dîner, instances qu'il fit appuyer de la jolie bouche de sa nièce. J'eusse bien accepté par rapport à elle, mais cet homme me faisait horreur : je voulais le fuir, et je partis pour Bordeaux.

Peu de jours après mon arrivée je m'abouchai avec le n° 15.

L'individu, que je ne puis encore nommer, était d'un caractère tout opposé à celui d'Angoulême, mais il n'en est pas moins scélérat. Celui-ci, s'il est possible qu'on puisse excuser un délire semblable, paraissait mu par une passion, tandis que le calme de celui de Bordeaux annonçait une combinaison et un plan longuement

médités; et qui ne peut trouver d'excuses
pour lui ni dans son fanatisme, car il est
éclairé, ni dans ses passions, car les actes
de sa vie furent toujours calmes.

Quel était donc le motif qui le portait
à coopérer à des actions semblables ? je
l'ignore. Tout ce que, je sais c'est qu'il fut
même au-delà des instructions qu'il devait
me donner, et que si j'eusse agi plus tard
suivant leur intention, il était impossible
que l'on parvînt à me découvrir, tant les
moyens qu'il me donna me parurent habiles. Je ne parlerai pas de ces moyens,
parce que je ne pourrais plus tard prouver que c'est lui qui me les avait ensei-
gnés; je parle de lui, on le trouvera sur
les instructions écrites de la main du personnage de Mont-Rouge.

Il me remit une lettre qu'il avait reçue
de Paris de l'agent principal : elle est si-

gnée *Desvignes*, n° 11. Cette lettre me dit :

Qu'on est fort content de tout ce que j'avais fait;

De partir de suite pour Lyon, où je trouverai l'agent qui devait agir dans le Dauphiné;

De remettre à cet agent la boîte et le paquet n° 20, ainsi que 2,000 francs que M.***, n° 15, de Bordeaux était chargé de me fournir.

On m'indique l'hôtel où je dois descendre à Lyon.

On m'engage à redoubler de zèle et à stimuler celui de l'agent que je dois voir.

Et, par *P. S.* : « La personne que je sais que vous avez avec vous pourra vous être utile en prenant les lettres que j'adresserai au n°.15, et en vous les faisant parvenir au lieu où vous serez. Ne cherchez pas d'autre moyen de correspon-

dre : celui-ci me paraît le plus assuré.
. , Je reçus les 2,000 francs; j'écrivis à
M.***, n° 7, de Toulouse, ainsi qu'à M.***,
n$_0$ 33, d'Angoulême, pour les avertir que
je ne pouvais me rendre de suite, mais de
tenir tous les renseignemens prêts pour
mon arrivée auprès d'eux, qui serait très-
prochaine.

Cependant il me restait une tâche bien
pénible à remplir, c'était d'apprendre à
ma femme quelle était ma mission. Je ne
pouvais plus reculer; j'allais partir, j'avais
besoin d'elle pour intermédiaire dans notre
correspondance. Oserais-je avouer le motif qui me retenait le plus? Ce n'était pas
son indiscrétion que je craignais, non,
c'était la crainte que sa sensibilité ne ré-
veillât la mienne : je me trouvais plus tran-
quille depuis que je n'éprouvais aucun
sentiment.

Je ne m'étendrai pas sur la scène déchi-

rante qui fut le résultat de cette confidence ; elle voulut me fuir, elle voulait me
quitter ; l'amour balançait dans son cœur
avec le devoir ; ce fut l'amour qui l'em-
porta. Que ne l'ai-je écoutée! j'eusse épar-
gné bien des larmes à ce pauvre peuple
de la Normandie : il en était encore temps.

Qu'on n'accuse donc pas cette infor-
tunée ; c'est moi, moi seul qui l'ai entraî-
née, qui l'ai forcée à recevoir mes lettres.
Si c'est un crime, c'est le mien ; c'est à
elle, d'ailleurs, qu'on doit mon retour à
de meilleurs sentimens ; ce sont ses larmes,
ses peines, que je vois encore, alors que je
jetais loin de moi les torches qui devaient
embraser tout le midi de la France.

C'est elle enfin qui a gardé soigneusement tous les documens qui mettront à
même d'arrêter le cours d'une telle cala-
mité.

Agent chargé d'organiser les Incendies dans le Dauphiné.

Avant de quitter Bordeaux je vis encore le n° 15. La scène qui venait d'avoir lieu, par suite de ma confidence, semblait m'avoir ébranlé. Des remords commencèrent à se faire entendre; mais je fus bientôt rassuré, en voyant un personnage de cette importance me parler incendies comme s'il se fût agi de la chose la plus naturelle, et cela avec un calme et une tranquillité qui faisaient honte à ma faiblesse. Tu n'es pas à la hauteur de ta position, me disais-je, tu es trop jeune: en politique,

les moyens violens sont permis : c'est l'intérêt général que l'on consulte. Or, le parti
qui veut faire incendier les propriétés des
autres a de bonnes intentions, tandis que
l'autre a des vues coupables; ils le disent,
du moins, ces Messieurs. C'est à ce point
qu'ils avaient égaré ma raison.

En arrivant à l'hôtel des Ambassadeurs,
à Lyon, j'appris qu'un étranger était venu
me demander, et qu'il devait revenir le
soir. En effet, un individu, dont je ne reconnais pas d'abord les traits, se présente à
moi, porteur d'un ruban rouge; il me dit
son numéro : ce son de voix ne m'est pas
inconnu, je le fixe; qu'on juge de ma surprise, je reconnais le S... du S... où j'avais
commencé mes études! « Par quelle fatalité
nous trouvons-nous dans une pareille position, lui dis-je, M. S. ? — Vous ne savez
donc pas ce dont j'ai été accusé? — Non.—

D'avoir voulu séduire un de mes élèves.
La justice est intervenue; j'ai été contraint
de prendre la fuite; le procès était commencé, et messieurs les Jésuites ont arrêté
les poursuites. Et maintenant ils me me-
nacent de le faire revivre, à moins que je
ne consente à devenir leur agent dans les
incendies qu'ils veulent établir dans le
Dauphiné. C'est bien à contre-cœur que je
suis venu pour leur obéir; mais que voulez-vous que je fasse? j'ai tout à craindre,
et je ne sais comment me sortir d'entre
leurs mains.

—Si je connaissais un moyen, je me l'ap-
pliquerais à moi-même, lui répondis-je;
mais comme je n'en vois pas, c'est de faire
ce que nous ne pouvons éviter. — Comment faudra-t-il donc que je m'y prenne?
— Tenez, lui dis-je, voici vos instructions
écrites, elles vous le diront; si elles sont

comme les miennes, elles vous indiqueront des personnages qui vous donneront
des facilités pour organiser vos incendiaires; ils vous donneront aussi le courage
que je ne puis vous donner, ne l'ayant pas
moi-même. Voici encore une boîte qui
vous concerne et qui contient les mèches
dont vos instructions vous indiqueront
l'usage. » Nous eûmes la curiosité de les
examiner : le dedans de la boîte était
garni d'une feuille en plomb semblable à
celles qui enveloppent le tabac, et chacune
des mèches avait un fourreau de pareil
métal qui l'enveloppait de manière à ce
que l'air ne pût s'y introduire. Ces mèches
ont une largeur de six lignes sur quatre
pouces de longueur.

Je lui remis 2,000 francs; son adresse
était : « A madame J..., à Beaune; il ha-
bitait aux environs de cette dernière

ville. J'ai, d'ailleurs, connu toute sa fa--
mille. Il prit mon adresse de Bordeaux ;
et comme il désirait partir, afin de ne pas
laisser apercevoir son absence, il me quitta
aussi peu charmé de sa mission que je
l'étais de la mienne.

J'étais si fatigué et d'esprit et de corps,
que je voulus prendre du repos en demeu-
rant quelques jours à Lyon ; mais si mon
corps y parvint, mon esprit n'eut pas ce
même bonheur. Oh ! comme je souffrais
de toutes les violences qu'il me fallait
faire ! Il y avait trois jours que j'y étais,
lorsqu'il m'arriva un paquet de Bordeaux
qui contenait trois lettres.

L'une venait de Toulouse, de M..., n° 7.
Il me dit en peu de mots « que je n'ai qu'à
me rendre quand je voudrais à Toulouse,
où tout est prêt ; qu'ils avaient appris avec
plaisir que je m'étais enfin décidé ; mais

qu'il me fallait beaucoup de prudence. »
(Elle est signée.)

L'autre venait d'Angoulême, de M..., n° 33. « Il s'impatiente de ne pas me voir » arriver ; il a tout disposé pour que je » n'aie pas le moindre danger à courir.

« Si je n'étais pas si connu, je commen- » cerais l'opération, tant je suis irrité con= » tre ces coquins qui nous en font de toutes » les couleurs : arrivez vite, afin que le » ministère se montre. » (Elle est signée.)

L'agent principal de Paris (M. Desvi- gnes) m'ordonna de partir de Lyon pour me rendre à Toulon, afin d'y voir par moi- même quel est l'esprit de l'armée qui part pour l'expédition d'Alger ; de lui faire un rapport détaillé et sur les hommes et sur les choses qui y fixeront mon attention.

« Mais, afin que vous puissiez vous pré- » senter partout, M..., n° 27, de Marseille,

7

» vous remettra des lettres de recomman-
» dation.

» Aussitôt votre mission finie à ce sujet,
» vous reviendrez à Bordeaux, ayant soin
» de voir sur votre route tous les affidés,
» afin de vous faire reconnaître d'eux et
» les engager à tout disposer pour le mo-
» ment; donnez-leur votre adresse à Bor-
» deaux, dans le cas où ils auraient be-
» soin de vous écrire. »

J'écris à Bordeaux et à Paris pour an-
noncer mon départ, et quelques jours après
j'étais à Marseille, en présence de M...,
n° 27, qui était prévenu de mon arrivée et
qui avait tout disposé pour que je fusse
bien reçu dans toutes les sociétés où je
devais me trouver à Toulon.

Nous raisonnâmes incendie; il me fit
mille offres de service. Et si quelques
jours après il eût pu me trouver, le cachot

le plus profond, les fers les plus pesans,
eussent été les seuls témoignages de sa
bienveillance : quel homme encore que
celui-là !

Il est impossible de peindre le tableau
enchanteur qu'offrait Toulon au moment
où j'y arrivai. Je vais en parler; qu'on me
pardonne cette digression : elle est étran-
gère à mon sujet ; mais ne dois-je pas
faire connaître ce qui me fit devenir coupable et ce qui me fit devenir vertueux ?
C'est ce que je vis à Toulon qui me rendit au sentiment, et le souvenir m'en est
cher.

La ville représentait une vaste enceinte
où aurait été réuni le plus brillant état-ma-
jor; on était pressé, heurté par cette foule
d'officiers de toute arme, de tout grade,
qui allaient et venaient pour se rassasier

7·

du spectacle dont ils étaient eux-mêmes
le plus bel ornement. Le port vous éton-
nait par l'aspect imposant de ses superbes
vaisseaux, qui, tour à tour abaissés et éle-
vés par la vague, semblaient jaloux de
montrer la beauté de leur mâture et le
luxe de leurs sculptures dorées ; une armée
de légers canots, remplis d'un nombre
infini d'étrangers à demi cachés sous des
tentes de différentes couleurs, semblaient
se jouer sur les flots autour de ces citadelles
flottantes, se croisant, s'évitant avec une
rapidité qui faisait espérer aussitôt que
craindre.

L'enthousiasme du soldat, la gaîté fran-
che du marin, se manifestaient par des
chants auxquels venait se marier une mu-
sique guerrière que répétaient au loin les
échos de cette rade, qui renfermait et l'é-
lite et la fortune de la France. On était fier

d'appartenir à une nation qui déployait
tant de force et de magnificence. Tous les
visages portaient l'empreinte d'un si noble
orgueil! Un seul homme était triste : c'é-
tait l'agent incendiaire des Jésuites!... Que
j'étais malheureux! Sentir bien mieux
que je ne puis exprimer tous ces élans
généreux, tous ces nobles sentimens, et
ne pouvoir s'y abandonner!

On m'habituait depuis si long-temps à
des spectacles de désolation et de mort,
que cette joie universelle, cette ivresse du
bonheur me rendit quelque sentiment : .
le contraste du tableau fit renaître ma
sensibilité; un je ne sais quoi agite mon
cœur; mais bientôt cette vue m'impor-
tune; je veux fuir cette joie, cette allé-
gresse que je ne puis partager : je ne sens
qu'une chose, c'est que je ne suis plus in-
sensible

Pendant que ce trouble est excité dans mon âme, je reçois deux lettres. L'agent principal de Paris me disait :

« Que ma mission auprès de l'armée devait être terminée, et que mon rapport sur les hommes et sur les choses que j'y avais vus devait être sans doute prêt; de l'envoyer de suite : *le prince de Polignac l'attendait avec impatience.* »

Il me rappelait les instructions qu'il m'avait données dans sa dernière, et finissait en me disant :

« Que je n'avais pas un instant à perdre; que les élections approchaient; qu'il fallait frapper le grand coup; que les affidés ont tout préparé. » C'est dans cette lettre où il me parle de ma femme comme ayant dû agir pendant mon absence.

Il m'enjoignait enfin de partir à l'instant même pour Bordeaux.

La lettre de M. l'agent du Dauphiné, que j'avais quitté à Lyon, est à peu près conçue en ces termes :

« Je n'ai pas le courage de remplir ma mission; j'ai vu cependant les personnages indiqués dans mes instructions ; mais ils n'ont pas eu le talent de faire passer dans moi leur conviction. D'ailleurs les moyens que me donnent ces instructions peuvent être bonnes pour la province où vous vous trouvez, mais ne sauraient convenir à celle où je suis. Le peuple est moins superstitieux. Aidez-moi de vos conseils vous êtes plus au fait que moi, et donnez-moi aussi du courage, car j'en manque totalement. »

La première lettre me fit mal : le moment était venu où il fallait agir, corrompre, incendier, et j'étais redevenu accessible à quelque sentiment ; le peu de jours.

que j'avais passés sans qu'on en parlât
avaient suffi pour me faire tressaillir au premier mot qui me rappelait à ma mission.
La seconde s'accordait mieux avec mon
âme. J'y voyais la même horreur pour de
tels actes, les mêmes craintes, les mêmes
angoisses. Il me demandait du courage;
où pouvais-je le trouver? Je laisse les deux
lettres, attendant que le trouble qui m'a-
gitait se fût dissipé; mais le moment
était venu où mon aveuglement devait
cesser.

Le hasard, ou plutôt la Providence, me
conduit dans un cabinet littéraire. Je
prends le Constitutionnel, sans savoir ce
que je faisais ni ce que je lisais. Le mot
incendies arrête mon attention; je recom-
mence l'article, et voici ce que je lis :

« Les incendies se multiplient dans la
Normandie; ce n'est que feu de toutes

parts; la désolation et la misère accom-
pagnent les infortunés qui en sont les
victimes, et la crainte se peint sur toutes
les figures dans l'attente d'un semblable
malheur.

» On a fait de nombreuses arrestations,
mais jusqu'ici on n'a pu découvrir la cause
de pareilles calamités.

» Espérons, cependant, que les coupables n'échapperont pas aux recherches de
la justice. »

Si quelqu'un eût lu l'article que je lisais, et qu'il m'eût fixé, il m'eût fait arrêter sur-le-champ, car il eût dit : Voilà le
coupable!

Pourrais-je rendre toutes les tortures,
les angoisses qui me déchiraient l'âme
un instant après? l'enfer était dans mon
cœur: c'est en vain que je voulus échapper
à tant de tourmens, les cris de tous ces in-

fortunés retentissent jusqu'à mon oreille.
Je suis hors des murs de la ville, qu'il
me semble lire ce terrible, mais salutaire
Constitutionnel; je vois la désolation de
ces familles, la misère qui les accompa-
gne, et la terreur imprimée sur le front
de ceux qui, un instant après, ont besoin
des mêmes secours et des mêmes consola-
tions qu'ils viennent de prodiguer. Et
c'est moi qui ai donné les instructions!
c'est moi qui enfante de telles calamités!
c'est moi qui dois en reproduire la scène
horrible sur tous les points de la France!
c'est moi qui fais couler tant de larmes!
et mes yeux sont secs!..... Je suis donc in-
sensible? Non; mais il est des douleurs
trop grandes pour être soulagées par des
larmes : la mienne était de ce nombre.
Peu à peu mes sens se calment; je rai-
sonne, je retrouve mon cœur, les princi-

pes d'une mère vertueuse; je suis rendu
à moi-même; une résolution généreuse
est rentrée dans mon âme. Non, je ne
serai plus l'agent incendiaire des Jésuites.

Je ne perds pas un instant; je me hâte
d'exécuter. J'écris à l'agent principal de
Paris : je me livre à toute mon indignation. « Non, je ne serai plus votre agent;
non, je n'obéirai plus; vous êtes des mons-
tres! Ne comptez plus sur moi, et, si vous
me poussez à bout, craignez tout de mon
désespoir. »

J'écris en même temps au malheureux
G....., l'agent du Dauphiné. Je l'engage,
par tous les moyens possibles, à renoncer
à une mission semblable : je lui peins mes
remords, mes angoisses. Je ne sais si ce
fut à moi ou à son propre sentiment qu'on
a dû son refus, mais j'ai eu la consolation

d'apprendre qu'il ne remplît pas sa mission.

Je ne veux pas laisser ignorer à ma femme la détermination que je viens d'exécuter. Elle va être au comble de la joie, me disais-je ; pauvre amie ! tu n'es coupable que de m'avoir connu.

Je cours jeter ces trois lettres à la poste, et je ne suis véritablement heureux qu'alors qu'elles ne sont plus à ma disposition.

Ma Fuite.

Je renaissais à la vie; mon âme, quelquefois troublée par le souvenir de la Normandie, se réfugiait dans l'idée consolante
que la Provence, l'ancienne Guienne et le
Languedoc ne seraient pas le théâtre de
pareilles calamités. Je trouvais un bonheur, un soulagement inexprimable dans
cette pensée. J'avais été si malheureux !

Trois jours après que j'eus fait connaître
ma résolution de ne plus agir, je reçois de
Bordeaux une lettre de l'agent principal

de Paris ; il n'avait pas encore reçu la mienne !

Cette lettre, assez étendue et qui fut la dernière de notre correspondance, contient des plaintes de mon inactivité et de ce que je ne suis point encore rendu à Bordeaux.

« Tous les affidés se plaignent, me dit-il, de ne pas vous voir paraître ; ils ont tout disposé ; ils n'attendent que vous. Hésiteriez-vous encore ? Je ne le pense pas ; *car ce ne serait pas impunément que vous vous joueriez de nous.* Je ne vous rappellerai pas votre position, vous la connaissez ; remplissez vos instructions, et voyez tous ces Messieurs sur votre route. *Le prince de Polignac est bien fâché contre vous ; il se plaint de la confiance illimitée que nous l'avons contraint de vous donner ; ne nous forcez pas à nous en repentir ;* mettez-nous au contraire à même de vous continuer notre bienveillance (1). »

Ce mélange de promesses et de menaces ne m'émut pas un instant : ma résolution était inébranlable.

Je connaissais cependant trop bien les haines jésuitiques pour être rassuré sur mon compte, surtout d'après la lettre qu'ils devaient avoir reçue et dont ils dûrent être peu satisfaits, soit par le refus qu'elle annonçait, soit par les termes peu mesurés dont je m'étais servi. J'eus tort de ne pas être plus prudent; mais alors je n'écoutai que mon indignation.

L'expérience ne me prouva que trop bien la vérité de mes pensées. Je pris toutes les précautions imaginables pour me

---

(1) Tous les mots soulignés sont tels que je les écris.

mettre à l'abri de leurs coups. Ne sortant
que la nuit, ayant changé de nom, et pour
ainsi dire de figure, j'habitais Marseille,
où j'attendais de l'argent, qui commençait
à me manquer, me proposant de passer à
l'étranger aussitôt que le premier feu des
persécutions serait passé.

Le dixième jour, je ne sais par quelle
inspiration maudite je vais sur le port,
me confiant à mon déguisement qui me
rendait méconnaissable à mes propres
yeux; mais qui peut échapper au regard
et à la haine d'un Jésuite? Tout d'un coup
je me sens frapper sur le bras; je me retourne, et je vois.... le scélérat, l'inévitable
Turel devant moi! Je demeure muet de
surprise et de crainte. Il n'y a pas moyen
de l'éviter; il m'a reconnu; il me parle; il
me menace de me faire arrêter (il est porteur de l'ordre; il me le montre dans un

café où nous étions entrés; à moins que je
ne me rende à l'instant, avec lui, à Bordeaux, après lui avoir fait la remise de mes
papiers. Cette dernière condition me parut
être extraordinaire avec la première. Je
vis de suite que c'était un piége, qu'on
voulait d'abord mes papiers et me faire
arrêter ensuite. Je feignis de me rendre à
ses raisons; je me justifiai le mieux qu'il
me fut possible de mon refus. Enfin, après
que je crois l'avoir bien convaincu de ma
sincérité, et l'avoir animé autant par le
jeu que par les liqueurs, je sors, laissant
mon chapeau sur la table; et, deux heures
après, ma correspondance, mes instructions et la boîte contenant les mèches
avaient quitté Marseille, renfermées dans
ma malle que j'adressais à Bordeaux. Je
connaissais leur redoutable activité; il n'y
avait pas un seul moment à perdre si je

8

voulais leur échapper; aussi je ne balance pas; je loue un bateau qui me fait arriver à Cette.

Le désir bien naturel de ne pas tomber entre leurs mains m'avait porté à prodiguer le peu d'argent qui me restait; aussi, je me trouvai presque sans ressource lorsque j'arrivai à Montpellier ; j'écrivis en toute hâte à Bordeaux, annonçant et ma fuite et la détresse qui me menace. Elle ne pouvait me répondre, cette malheureuse amie! Dans le désir de me voir, de me consoler et de me maintenir dans ma résolution, elle accourait avec de l'or à Marseille, où elle me croyait encore.

Cependant les journaux ne cessaient de parler des ravages de la Normandie et des nombreuses arrestations qui y avaient lieu. Chaque mot, chaque ligne portait la mort

dans mon âme par les souvenirs déchirans
qu'ils y élevaient.

Poursuivi par les Jésuites pour ne pas
vouloir incendier, je craignais de l'être encore pour l'avoir fait. A tant de tourmens
horribles vint se joindre bientôt l'affreuse
misère; je la vis qui s'avançait. Ma femme,
dont je connaissais la tendresse et le cœur,
ne répondait pas à trois lettres consécutives; il n'y a qu'un grand malheur qui
puisse l'en empêcher, ce malheur est ac-
compli; elle est tombée entre leurs mains!
ils sont vengés! Il ne te reste aucune ressource, pas même un asile où tu puisses
pleurer en secret! Alors le désespoir s'empare de moi; je pars sans savoir où je vais,
j'erre çà et là dans la campagne, non pour
incendier, mais pour trouver une pierre
où je puisse reposer ma tête; et moi, que
l'abondance environnait alors qu'on me

forçait à être criminel, je n'ai plus rien à échanger contre un morceau de pain lorsque je veux être vertueux.

Je ne pus résister à tant de douleurs réunies ; mes forces m'abandonnèrent, ma tête se troubla, ma raison se perdit, et, lorsqu'elle me fut rendue, j'étais dans une prison !.......

NOTA. Toutes les pièces que je cite dans ce Précis sont entre les mains de la personne que j'ai fait connaître à la Chambre des Pairs lors de mon dernier interrogatoire.

FIN.

www.ingramcontent.com/pod-product-compliance
Lightning Source LLC
Chambersburg PA
CBHW071944100426
42737CB00046BA/2281